Hans-Joachim Eckstein
Glaubensleben – Lebenslust

Hans-Joachim Eckstein

Glaubensleben – Lebenslust

Ich freue mich an dir

SCM Hänssler

SCM

Stiftung Christliche Medien

Dr. Hans-Joachim Eckstein ist Professor für Neues Testament an der
Evangelisch-theologischen Fakultät der Universität Tübingen.
www.uni-tuebingen.de/ev-theologie/personal/eckstein

Bestell-Nr. 394.816
ISBN 978-3-7751-4816-0

© Copyright der deutschen Ausgabe 2008 by Hänssler Verlag im
SCM-Verlag GmbH & Co. KG · 71088 Holzgerlingen
Internet: www.haenssler-verlag.de
E-Mail: info@haenssler.de
Umschlaggestaltung: Ingo Riecker, Neuffen; F3media,
Weil im Schönbuch
Titelbild: © Holger Eckstein, New York
Satz: typoscript GmbH, Kirchentellinsfurt
Druck und Bindung: CPI – Ebner & Spiegel, Ulm
Printed in Germany

Ich freue mich an dir

Wenn sich sogar der Himmel
an deinem Leben freut,
willst du ihm da die
Mitfreude verweigern?

Und wenn du dich schon
mit Gott freust,
warum nicht auch gleich
über andere Menschen?

Vorwort

Zugegeben, es wird wohl nicht jeder den Begriff des »Glaubenslebens« ausgerechnet mit dem der »Lebenslust« verbinden. Ob eher von außen betrachtet oder aus der Perspektive eigener Frömmigkeitserfahrung – für viele bilden Glaube und Leben, noch mehr aber Glaube und Lebenslust oder Lebensfreude eher Gegensätze als innere Zusammenhänge. Nicht nur, dass der Glaube selbst oft lust- und freudlos gelebt wird, für viele scheint mit dem Glauben an sich schon eine gewisse Lebensferne und Lustfeindlichkeit verbunden zu sein.

Dabei sind die Motive der Freude und der Lebensfülle für die ersten Christen so zentral gewesen, dass sie gerade darin das Ziel des Gekommenseins und des Wirkens Jesu erkennen konnten. Selbst der Begriff der »Lust« wird in den biblischen Schriften im Zusammenhang der Beziehung zwischen Gott und Mensch so positiv verwendet, dass es manche überraschen mag. Gott freut sich an seinen Menschen und hat Lust an ihnen – wie ein liebender Vater an seinen Kindern oder ein Bräutigam an seiner Braut. Und die überschwängliche Zuneigung und Zuwendung Gottes kommen darin zum Ausdruck, dass sich die Menschen vollkommen freuen und im Überfluss leben sollen.

Um jedem Missverständnis vorzubeugen, es geht in diesen Zusammenhängen nicht etwa um ein Überspielen von Wirklichkeit und ein Ausblenden eigener und fremder Leiderfahrung. Vielmehr finden sich die einfühlsamsten Zusagen des Trostes und die eindrücklichsten Einladungen zur Freude und Mitfreude gerade in Situationen der Verunsicherung und des Verlustes, des Scheiterns und der Schwachheit. Die Freude an Gott gewinnt sogar da ihre letzte Vertiefung, wo sich der Glaube nicht als vordergründig bestätigt und unangefochten erfährt.

Vielleicht liegt in der Fähigkeit zur ungeschönten Wirklichkeitswahrnehmung und zur zuversichtlichen Wirklichkeitsgestaltung gerade ein entscheidendes Merkmal der christlichen Lebensfreude. Sie lebt nicht davon, dass sie verdrängt und ausblendet, sondern dass sie das Wahrgenommene durchschaut und das noch nicht Sichtbare schon wahrnimmt. Sie freut sich nicht nur trotz der erfahrenen Wirklichkeit, sondern wegen der im Glauben schon bestimmenden Realität.

Als eine solche Einladung zur Freude und Mitfreude, als tröstender Zuspruch, aber auch als humorvolle Selbstkritik und ironische Wirklichkeitsbeschreibung wollen auch die folgenden

Gedanken, Gedichte und Meditationen verstanden werden. Ob sie alltägliche Erfahrungen ausmalen oder die biblischen Grundlagen des Glaubens nachzeichnen, sie sind bei aller Verschiedenheit von der einen Überzeugung getragen: *Wenn der Glaube zum Leben wird, dann wird das Leben zur Lust. Denn die Lebensfreude gehört zum Glaubensleben wie das Wasser zur Quelle und wie der Lichtstrahl zum Licht.*

Wer sich weitere anschauliche und persönliche Texte zu einem von Hoffnung und Liebe erfüllten Glauben wünscht, der wird in »Himmlisch menschlich« oder in der »Trilogie« zu den drei Wesensmerkmalen christlicher Existenz fündig werden: »Ich habe meine Mitte in dir«, »Du liebst mich – also bin ich« und »Du hast mir den Himmel geöffnet«. Wer eher zusammenhängende Grundlegungen des Glaubens und elementare Zugänge zu zentralen theologischen Fragen sucht, der wird in »Glaube, der erwachsen wird«, »Zur Wiederentdeckung der Hoffnung« oder »Glaube als Beziehung« eine sinnvolle Ergänzung sehen. Wer schließlich daran Interesse hat, zentrale biblische Aussagen leichter aufzufinden und zu erfassen, der mag im »Bibel-Anstreichsystem« und in »Du hast Worte des Lebens. Bibel-Lernsystem« ganz praktische Hilfestellungen finden. Sie alle – die lyrisch-meditativen wie die sachlich-theologischen Bücher – laden auf je eigene Weise zu einer lebensorientierten Entfaltung des Glaubens in der Freude der Beziehung ein.

Hans-Joachim Eckstein

Lebensentfaltung

Es darf ausgepackt werden

Selbst das Leben
will gelebt sein,
und auch das
schönste Erleben
noch erlebt!

So liegt das Glück
der Lebensgestaltung
wohl weniger im
unbeteiligten und
untätigen Abwarten
als im gespannten
Entwickeln und
hoffnungsfrohen
Entfalten.

Draußen vor der Tür

Stell dir vor,
das Leben steht
vor deiner Tür
und klopft an,
um zu dir
zu kommen –
würdest du
es hören?

Und wenn du
es hörtest,
würdest du
ihm öffnen
und es zu dir
hereinlassen?

Du sagst:
»Warum nicht?
Es ist ja das Leben!«

Eben!

Offb 3,20

Glückserfüllung

Die Hoffenden genießen
schon gegenwärtig das Glück
der zukünftigen Erfüllung,
von der Hoffnungslose
nicht einmal ahnen,
dass sie kommen wird.

Denn Hoffende sind
bereits zu Beginn
so zuversichtlich,
wie es sich
vom guten Ende her
als begründet erweist.

Wer nicht hofft,
der hat sich im Fall
des guten Ausgangs
um die Hoffnung auf
das Glück gebracht,
in jedem Fall aber um
das Glück der Hoffnung.

Aus dem Tagebuch einer Eintagsfliege

oder: Wie »einseitig«!

Nichts spricht dagegen,
dass wir täglich ganz
im Hier und Jetzt leben.

Das bedeutet aber nicht,
dass wir unseren Blick so
auf den jeweiligen Tag
beschränken sollten,
als gäbe es für uns –
wie für eine Eintagsfliege –
kein Gestern und kein Morgen.

Wäre ein Tagebuch nicht
zwangsläufig »einseitig«,
das nichts als einen Tag und
eine Seite zu beschreiben hätte?

Wie vielseitig und inspirierend
könnte unser Leben heute sein,
wenn wir es zugleich
in der dankbaren Erinnerung
an alles Glück und Gelingen
der vergangenen Tage
und mit der zuversichtlichen

und vertrauensvollen Perspektive
noch vor uns liegender Tage
genießen und gestalten würden.

Gibt es eine
bessere Grundlage
für ein erlöstes und
versöhntes Leben
im Hier und Jetzt
als das gewisse
Fundament
eines erlösenden
und versöhnenden
Dort und Dann?

Das Leben anzählen

oder: 10, 9, 8, 7 …

Für die Hoffenden
geht die Uhr rückwärts.

Ihre Zeit läuft nicht ab,
sondern an.

Das kleine Paradies

oder: Ein Stück Himmel auf Erden

»Können wir sonst noch
etwas gebrauchen?«,
rufe ich im Weggehen
und erhalte die unerwartete,
aber eindrückliche Antwort:
»Ja, ein *Paradieschen*!«

Stimmt, denke ich bei mir,
das ist es, was wir letztlich
in allem suchen:

Ein Stück Himmel auf Erden,
etwas Bleibendes in
der Vergänglichkeit,
etwas Wesentliches bei
aller Oberflächlichkeit,
einen Vorgeschmack auf
die kommende Erfüllung,
der uns Mut macht und
uns in Vorfreude motiviert.

»Denkst du auch an die
Radieschen?«, höre ich,

in Gedanken versunken,
vom Balkon her. –

»Welche Radieschen?«
Ach so! Ein
paar Radieschen
sollen es also sein. –
Wenn es uns denn an
den Himmel erinnert?!

Und ob ich schon wanderte im finstern Tal

Die Welt ist ein Jammertal,
aber der Glaube bietet
Hilfe und Trost,
es leichter zu ertragen.

Man könnte meinen,
einige Gläubige erlebten
es gerade umgekehrt.

Ps 23,4

Selbst-verständlich

Was immer wir auch allein
und losgelöst von anderen
über uns selbst wissen und
erkennen mögen,
letztlich werden wir uns
erst durch die Liebe anderer
selbst verständlich werden.

Deshalb sollte uns auch die
Erfahrung der Liebe niemals
selbstverständlich werden.

Mit einem Augenblick

Wenn wir uns selbst
nur für eine Sekunde
mit den Augen
der Liebe Gottes
sehen könnten,
dann hätten sich
unsere Selbstzweifel
gleich für eine
ganze Ewigkeit
verflüchtigt.

Er freut sich an dir

Von den überraschenden Seiten Gottes

Denn der Herr,
dein Gott, ist bei dir,
ein starker Heiland.
Er wird sich
über dich freuen und
dir freundlich sein,
er wird dir vergeben
in seiner Liebe
und wird über dich mit
Jauchzen fröhlich sein.

Man soll dich nicht mehr
nennen »Verlassene«
und dein Land nicht mehr
»Einsame«,
sondern du sollst heißen
»Meine Lust«
und dein Land
»Vermählte«;
denn der Herr hat
Lust an dir,
und dein Land hat
einen lieben Mann.
Denn wie ein junger Mann
eine junge Frau freit,

so wird dich dein Erbauer freien,
und wie sich ein Bräutigam
freut über die Braut,
so wird sich dein Gott
über dich freuen.

Freuet euch und seid
fröhlich immerdar
über das, was ich schaffe.
Denn siehe, ich will
Jerusalem zur Wonne machen
und sein Volk zur Freude,
und ich will fröhlich sein
über Jerusalem
und mich freuen
über mein Volk.

So, sage ich euch,
wird Freude sein
vor den Engeln Gottes
über *einen* Sünder,
der Buße tut.

Zeph 3,17; Jes 62,4f.; 65,18f.; Lk 15,10[1]

Der meine Freude
und Wonne ist

Glauben bedeutet,
sich mit Gott
und an ihm
zu freuen.

Wer ganz in Gott
und seiner Liebe lebt,
der freut sich *in ihm*.

»Freuet euch *in* dem Herrn
allewege,
und abermals sage ich:
Freuet euch!«

»Lass sich freuen alle,
die auf dich trauen …
Fröhlich lass sein *in* dir,
die deinen Namen lieben!«

»Ich freue mich *im* Herrn,
und meine Seele ist
fröhlich *in* meinem Gott …«

Ps 43,4; Phil 4,4; Ps 5,12; Jes 61,10

Mit unaussprechlicher Freude

Gott zu lieben
bedeutet nicht,
sich nur noch
an ihm allein
freuen zu können,
sondern sich bei allem
mit ihm zusammen
und bei nichts ohne
ihn freuen zu wollen.

»Ihn habt ihr nicht gesehen
und habt ihn doch lieb;
und nun glaubt ihr an ihn,
obwohl ihr ihn nicht seht;
und freut euch mit
unaussprechlicher und
herrlicher Freude …«[2]

1. Petr 1,8

Wesentlich verändert

»Was hat sich
durch den Glauben
in deinem
alltäglichen Leben
denn konkret
verändert?« –

»Meine Probleme
sind nicht viel
kleiner geworden –
aber Gott viel größer.«

Zukunft im Überfluss

Bei der christlichen Hoffnung
geht es nicht etwa um ein
Vertrösten auf das Jenseits,
sondern um ein
Getrostsein im Diesseits.

Denn nicht der kostet
seine Gegenwart in der
nötigen Gelassenheit
und Leichtigkeit am
genussvollsten aus,
der keine Zukunft hat,
sondern derjenige,
dem vor lauter Zukunft
schon die Gegenwart
von Freude überläuft.

Wie der Regenbogen

Segenswunsch

Von Herzen
wünsche ich dir
Gottes Segen –
nach allen Facetten
seiner Entfaltung.

Denn wie auch
das hellste Licht
für unser Auge
noch an Schönheit
gewinnt,
wenn es sich
in seinem
ganzen Spektrum
farbenprächtig
entfaltet,
so überwältigt uns
Gottes Herrlichkeit
in der Vielfalt und
Vielgestaltigkeit
seines liebevollen
Segnens.

»Wie der Regenbogen
steht in den Wolken,
wenn es geregnet hat,
so glänzte es ringsumher.
So war die Herrlichkeit
des Herrn anzusehen.«

Hes 1,28; Offb 4,2f.

Ich will dich segnen
und du sollst ein Segen sein

Erfahren wir Gottes Segen
in unserem Leben,
so wollten wir ihn am liebsten
festhalten und für uns bewahren.

Dabei hätten wir
noch viel mehr davon
und könnten ihn noch
unerschöpflicher genießen,
wenn wir ihn mit anderen teilen
und ihnen mitteilen würden.

Der Fluss des Segens Gottes
ist kein stehendes, sondern
ein fließendes Gewässer.

»Denn sein Segen
fließt daher
wie ein Strom
und tränkt die Erde
wie eine große Flut.«

1. Mose 12,2f.; Sir 39,27

Kinder des Lichts

Es gibt Menschen,
die erscheinen uns
wie Edelsteine.

Nicht dass sie
anders als andere
Menschenkinder
von sich aus leuchten
oder göttliches Licht
hervorbringen könnten;
aber sie reflektieren
und entfalten das
empfangene Licht
so farbenfroh
und strahlend,
dass man sich
unwillkürlich
nach der
Lichtquelle
umschaut.

1. Thess 5,5[3]

Auf die Formel gebracht

$$G = \heartsuit \times t$$

Geduld ist Liebe mal Zeit.

$$Wir > Ich + Du$$

Die Ganzheit einer
echten Wir-Beziehung
ist weit mehr als nur
die Summe ihrer
einzelnen Glieder.

$$Wir - \heartsuit = (Ich + Ich)^2$$

Wenn uns in der
Gemeinschaft
die Liebe fehlt,
dann wird unser
Egoismus nicht nur
addiert, sondern
zusätzlich auch
noch potenziert.

Freu dich

Wenn du wüsstest,
wie sehr wir uns
an dir freuen,
dann wären wir
bald ganz gewiss
noch einer mehr.

Liebe deinen Nächsten
wie dich selbst!

Eine negative
Selbstbeziehung
ist keineswegs
die Grundlage
für eine positive
Nächstenliebe;
und wer sich selbst
gering schätzt,
dem fehlt für die
Hochschätzung anderer
eine ganz entscheidende
Voraussetzung.

Die Liebe hat
wohl die Demut
zur Schwester,
aber keinesfalls die
Selbstverachtung
zur Mutter.

Geistliche Aerodynamik

Es ist gewiss
ein Wunder,
aber Gott
vermag sogar
einen so
schrägen Vogel
wie dich
gerade fliegen
zu lassen.

Moral der Selbstbeziehung

Du solltest von dir selbst
niemals schlechter reden
oder auch nur denken,
als du es einem
anderen gegenüber
als angemessen
und wünschenswert
empfinden würdest.

Frei nach dem Motto:
»Was du nicht willst,
dass man es tu,
das füg auch nicht
dir selber zu.«

Liebet eure Feinde!

Das Gebot der Feindesliebe
schließt uns selbst mit ein.

Mt 5,44; Lk 6,27f.; Röm 12,14

Schöpfungsordnung

oder: Ich Esel!

Auch wenn du
dich tierisch
über dich selbst
aufregst,
sieht Gott in dir
immer noch
den Menschen,
den er liebt.

Er gab Adam wohl
im Paradies den Auftrag,
die Tiere zu benennen,
nicht aber die Anweisung,
andere Menschen
oder sich selbst als
Tier zu bezeichnen.

1. Mose 2,19f.

Kartengruß

Wie soll ich auf einer Karte
zum Ausdruck bringen,
was ganze Bücher
nicht fassen könnten? –
Du bist ein
unbeschreiblich
wertvoller Mensch!

Ausgewogen – oder:
Körpergröße minus 100

Wir haben uns gerade
eine elektronische Waage
erworben, die auf
100 Gramm genau anzeigt,
wie viel Übergewicht
wir im Moment haben.

Zugegeben –
eigentlich täte es
auch eine Waage,
die uns in Schritten
von *500* Gramm
bestätigten könnte,
dass wir uns irgendwo
zwischen unserem
Ideal- und
Normalgewicht
bewegen.

Vielleicht hätten wir doch
etwas mehr in uns selbst
als in die Perfektion
unserer Waage
investieren sollen.

Dem Selbstkritischen zum Trost

Wozu brauchst du denn
unbedingt einen
»Waschbrettbauch«?
Wir haben doch eine
Waschmaschine!

Darum sorget euch nicht!

»Nun aber sind auch eure Haare
auf dem Haupt alle gezählt.«

Wie hätte es Jesus anschaulicher
und tröstlicher zusprechen können,
dass wir in allen unseren Sorgen
niemals vergessen und verlassen sind,
sondern unser himmlischer Vater
uns fürsorglich begleitet und sieht?

Wenn uns aber schon
Gott persönlich zusagt,
dass er alle Haare
auf unserem Haupt
bereits gezählt hat,
dann dürfen wir ihm
getrost vertrauen –
und müssen nicht
auch noch selbst
einzeln nachzählen.

Mt 6,25-34; 10,30

Klug und weise

Manchmal ist auch der Klügste
dumm dran;
aber selten der Dümmste klug.

Oft spottet das Missgeschick
des Weisen jeder Beschreibung;
das rechtfertigt aber noch lange nicht
die unbeschreibliche Torheit des Spötters.

Denn aufs Ganze gesehen
lohnt es sich jedenfalls,
in seinem Leben nach der rechten
Einsicht und Weisheit zu streben.

»Ich will dich den Weg
der Weisheit führen;
ich will dich auf
rechter Bahn leiten,
dass, wenn du gehst,
dein Gang dir nicht
sauer werde,
und wenn du läufst,
du nicht strauchelst.«

»Klugheit ist ein
Brunnen des Lebens
dem, der sie hat,
aber die Strafe der
Toren ist ihre Torheit.«

Spr 4,7.11; 16,22

Voraussetzungslos, aber folgenreich

Unser Mangel
an Liebe
kann nichts an
Gottes Liebe
ändern,
aber Gottes Liebe
alles an unserem
Mangel an Liebe.

Unser Unglaube
lässt Gott nicht
schwächer werden,
aber Gottes Kraft
macht unseren
schwachen Glauben
stärker.

Durch unsere
Verzweiflung wird
die Wirklichkeit
des Himmels
kein bisschen kleiner,
aber durch das

Wirken des Himmels
unsere Hoffnung
sehr viel größer.

Denn selbst
unsere Sünde
kann Gott nicht
von seiner Liebe
abbringen –
aber seine Liebe
uns von der Sünde.

Wie auf Flügeln getragen

Kannst du
noch –
ich kann
noch nicht –,
mich so,
wie ich bin,
ertragen?

Aber will,
wenn du
mich trägst,
es als ein
Getragener
wagen.

»Wie ein Adler
ausführt seine Jungen
und über ihnen schwebt,
so breitete er seine Fittiche aus
und nahm ihn und trug ihn
auf seinen Flügeln.«

5. Mose 32,11; Jes 46,3f.

Lasst euch versöhnen!

Es fiel mir nicht leicht zu verstehen,
dass Gott mich aus Liebe mit sich
schon vollkommen versöhnt hatte,
lange bevor ich es auch nur ahnte.

Schwerer fällt es mir freilich,
mich nun auch meinerseits mit
anderen Menschen zu versöhnen,
so, wie Christus mich angenommen
und mir immer wieder vergeben hat.

Noch schwieriger
erscheint es mir aber,
mich nun auch mit
mir selbst auszusöhnen
und mein eigenes Leben
ohne Beschönigung,
ohne Verbitterung
und Selbstabwertung
aus der Perspektive
Gottes wahrzunehmen –
als das, was es in Wahrheit
und bleibend ist:
ein in Gottes Augen
wertgeschätztes und

in ihm versöhntes,
lebenswertes Leben.

Wie soll ich mich mit
anderen aussöhnen,
wenn ich mir selbst
nicht vergeben kann?
Und wie viel habe ich
von Gottes Annahme
und Zuwendung zu mir
wirklich verstanden,
wenn ich sie meinerseits
nicht gelten lasse?[4]

Wirklich möglich
oder unmöglich wirklich?

Wenn wir unsere eigene
Vergangenheit verdrängen,
leben wir nicht etwa umso
intensiver in der Gegenwart,
sondern wir verschleißen
die Kräfte, die wir dringend
für die Gestaltung unserer
Zukunft benötigen.
Denn die Vergangenheit ist
unsere vergangene *Wirklichkeit*.

Wenn wir umgekehrt nur noch
in der Vergangenheit leben,
dann verbrauchen wir unsere
ganze Energie, um das
vergeblich festzuhalten,
was niemals mehr unsere
eigene Zukunft werden kann.
Denn die Vergangenheit ist
unsere *vergangene* Wirklichkeit.

Was wir sind, das sind wir
nicht ohne unsere Vergangenheit,
aber uns erwartet hoffentlich
noch anderes – und andere –

als nur unsere Vergangenheit.
Denn die Vergangenheit ist
unsere vergangene Wirklichkeit.

Wie schwer fällt es uns,
das zu leben, was wir
von unserer Vernunft her
so leicht als sinnvoll erkennen:
in der versöhnten Erinnerung
an *unsere vergangene Wirklichkeit*
die Gegenwart in vollen Zügen
zu erleben und zu gestalten.

Wer bin ich?

Identitätsfindung

Ich bin
gewiss nicht der
Apostel Paulus
und auch nicht
Martin Luther;

aber ich bin der
begnadigte Sünder,
den sie beide
in Christus
seligpriesen
und als den
sie sich selbst
voller Freude
und Dankbarkeit
erkannten.

In Wahrheit

Wer sich von
seinen eigenen
Lebenslügen
abwendet
und sich der
Lebensverheißung
und Wahrheit Gottes
zuwendet,
der ist zwar
desillusioniert,
aber hoffnungsvoll.

Zum Verwechseln nahe

Liebe und Egoismus,
Wahrheit und Lüge,
Lebensfreude und Lebensschmerz
liegen oft so nahe beieinander
wie die Parallelspuren einer Straße –
aber wie diese führen sie jeweils
in die entgegengesetzte Richtung.

Nicht die Nähe der Spuren,
sondern der Unterschied der Ziele
entscheidet über ihren wahren Abstand.

Die Zeit der Zuversichtlichen

Hoffende
haben
das Leben
vor sich,
Dankbare
können sich
an dem freuen,
was sie schon
empfangen haben.

Verzweifelte aber
wollen sich weder
von der Zukunft
noch von der
Vergangenheit
trösten lassen –
und laufen
so Gefahr,
auch noch
die Gegenwart
zu verlieren.

Wie uncool!

Rap für die Unverständigen

Die Jünger dachten,
sie litten Not,
denn sie hatten tatsächlich
kaum Brot im Boot.
So waren sie blind
für das wahre Geschehen,
sie hatten zwar Augen,
aber konnten nicht sehen.

Sie hatten wohl Ohren,
aber hörten nicht hin;
und was sie erfuhren,
blieb ohne Gewinn.
Wie Sauerteig wirkt
dieser Unverstand,
er beginnt im Kleinen,
aber wirkt bis zum Rand.

Wenn uns nur bekümmert,
was wir gerade essen,
wenn wir den, der mit uns
im Boot sitzt, vergessen,

dann wird es uns so
wie den Jüngern gehen –
doch am Ende durften
auch sie verstehen!

Mk 8,14-21

Lebendige Hoffnung

Wir können ewig vom
Himmel auf Erden träumen
und darüber unser ganzes
Leben verschlafen
oder schon gegenwärtig
zu einem Leben erwachen,
das zugleich die
Realität des Himmels
wie auch die
Wirklichkeit auf Erden
aufmerksam im Blick behält.

Das Erste nennen wir *Illusion,*
weil es vom Leben abhält,
statt es zu fördern,
das Zweite aber *Hoffnung,*
weil es das wahre Leben
nicht nur ermöglicht,
sondern selbst schon Teil
des ewigen Lebens ist.

Wie Geschwister

Sehnsucht und Hoffnung
sind wie zwei ungleiche
Geschwister –
wohl verwandt, aber
denkbar verschieden.

Während die Sehnsucht
an der Unerfülltheit
ihrer Wünsche leidet,
ist die Hoffnung schon
durch die freudige Erwartung
ihrer Erfüllung inspiriert.

Während die Sehnsucht eher zu
Ungeduld und Traurigkeit neigt,
weiß die Hoffnung das Beste
aus der Wartezeit zu machen.

Sie mögen beide dasselbe
Ziel vor Augen haben,
aber die eine zeigt den wehmütigen
Gesichtsausdruck des »Noch-nicht«,
während der Blick der anderen
das »Schon-jetzt« widerspiegelt.

Sein und Schein

Persönlichkeitsstärke
äußert sich darin,
dass man mehr ist,
als man scheinen will.
Und Persönlichkeitsschwäche
erweist sich unter anderem darin,
dass man vor anderen
und sogar vor sich selbst
mehr darstellen will,
als man in Wirklichkeit ist.

So stehen wir wohl
unweigerlich vor der
schlichten Alternative
von mehr
Sein als Schein
und mehr
Schein als Sein.

Gal 6,3f.

Wer nicht hören will …

Wer nicht hören will,
muss – *schweigen*!
Das ist jedenfalls besser,
als wenn er es
andere auch noch
fühlen lässt.

»Siehst du einen,
der schnell ist zu reden,
da ist für einen Toren
mehr Hoffnung als für ihn.«

»Das Ohr, das da hört
auf heilsame Weisung,
wird unter den
Weisen wohnen.«

»Wer recht gehört hat,
dessen Wort bleibt.«

Spr 29,9; 15,31; 21,28

Dumminantes Verhalten

»Warum musst du mich
eigentlich andauernd
mit deinen klugen
Ratschlägen
dumminieren?« –

»›*Do*minieren!‹
Du meinst: ›*do*minieren‹,
von lateinisch *dominari*
in der Bedeutung:
›den Herrn spielen‹,
›tyrannisieren‹,
›beherrschen‹,
›bestimmen‹!« –

»Siehst du?
Das ist genau,
was ich meine!«

Die andere Realität

Aphorismen sind
wie Mauerblümchen,
die aus den schmalen
Ritzen eines steinigen
Untergrunds erblühen.

Sie können aus einer
grauen Mauer keine
Blumenwiese machen,
aber sie wissen das Auge
doch mit ihrer vorwitzigen
Farbenfreude kurzfristig
zum Lächeln zu bringen.

Ein Spruch für alle Fälle?

oder: Eine heiße Redewendung

Ob Sprichworte und
Redewendungen
als hilfreich und
lebensorientierend
empfunden werden
oder eher als
irritierend und
unangemessen,
hängt sehr stark
von der Situation ab.

Sie wollen ein Beispiel?

»Es wird überall nur
mit Wasser gekocht!«,
beruhigten sich die
unter die Kannibalen
Gefallenen.

Nur keine Vorurteile!

Auch schwäbische Männer
können von Feministinnen
noch etwas lernen – z. B.,
dass es *die* Butter heißt
und nicht *der* Butter.

Wann der die ersetzt
und trotzdem weiblich bleibt

»Bitte bleiben wir
als Feministinnen
auch grammatisch
bei *die* Wahrheit!«

Wann »der«
im Deutschen
»die« ersetzt
und trotzdem
weiblich bleibt?

Z. B. beim Dativ!

Aber der wäre
für sich genommen
dann ja schon wieder
»der« und nicht »die«.

Sprachleere

Der verunglückte
Superlativ
ist gewiss nicht
der einzigste,
aber einer der
meistgemachtesten
Fehler.

Da wäre es
vielleicht am
optimalsten,
man erklärte
den Superlativ
zu seinem
bestgehütetsten
Geheimnis.

Wer antwortet, ehe er hört …

oder: Plädoyer für eine vielsagende
       Aufmerksamkeit

Würden wir
besser zuhören,
wenn andere reden,
dann hätten wir
auch mehr zu sagen,
wenn wir selbst sprechen.

»Ein jeder Mensch
sei schnell zum Hören,
langsam zum Reden,
langsam zum Zorn.«

»Du sollst
nicht urteilen,
ehe du die Sache
gehört hast,
und lass die Leute
erst ausreden.«[5]

Spr 18,13; Jak 1,19; Sir 11,8

Lieber im Verborgenen selbstlos als offensichtlich selbstbezogen

Kannst du mir mal an einem
Beispiel veranschaulichen,
warum unsere linke Hand
beim Schenken
nicht wissen soll,
was die rechte tut? –

Aber gerne doch:
»Haben Sie die anonyme
Spende gestern erhalten?
Sie war von mir, aber wir
wollen uns ja nicht rühmen.«

»Nehmen Sie sich ruhig noch
ein fünftes Stück Kuchen –
wir zählen nicht!«

»Wir geben unsere Almosen
grundsätzlich ganz selbstlos;
schließlich erwirbt man sich
damit die größten Verdienste!«

Mt 6,3f.

Lob mich mal unaufgefordert!

Selbstlob ist der
verzweifelte Schrei nach
spontaner Anerkennung –
und damit zugleich
deren Verunmöglichung.

Denn was zurückkommt,
ist im besten Fall das
Echo der eigenen Stimme;
im schlimmsten Fall bleibt
die erhoffte Resonanz
dann auch noch ganz aus.

Ganz beachtlich

Lieber bedeutsam
sein und handeln
als bedeutsam tun!

Wenn wir wesentlich sind,
statt uns wichtig zu tun,
dann werden wir uns
auch überzeugend verhalten
und bedeutungsvoll äußern.

Denn wir sind für andere
so wertvoll und bedeutend,
wie wir selbst wesentlich sind,
und nicht etwa so wesentlich,
wie wir uns selbst –
zu wichtig nehmen.

Je gefragter, desto wichtiger

oder: Wie ausgebucht bist du?

»Stell dir mal vor;
jetzt bin ich schon
für die nächsten
zwei Jahre
völlig ausgebucht –
ist das nicht toll?«,
rühmte sich ein
viel gefragter
Erfolgsmensch.

»Das ist doch
noch gar nichts«,
antwortete mit leiser,
aber unüberhörbarer
Stimme ein *Sklave*,
»ich werde wohl
bis zum Ende
meines Lebens
keine einzige
freie Stunde
mehr haben –
ist das nicht toll?«

Vom Sinn des Lobens

Selbstlob ist eine der
nutzlosesten Arten
der Kommunikation.

Wer einen anderen
Menschen lobt,
kann hoffen, dass es
diesem für *Stunden*,
wenn nicht für *Tage*
guttut.

Wer Gott lobt, darf wissen,
dass es ihn als den Ewigen
nicht nur für *Jahre*, sondern
sogar in *Ewigkeit* freut.

Wer sich aber selbst lobt,
der glaubt nicht einmal
für *eine Sekunde* daran –
sonst müsste er seine Qualitäten
nicht so nachdrücklich hervorheben.

Grenzen der Anpassung

Wenn wir auf Menschen
Rücksicht nehmen
und uns in unserem
Verhalten angleichen,
dann sollte es ihnen
und dem Evangelium
zuliebe geschehen
und aus keinem
anderen Motiv
als dem der Liebe.

Wir sollen den Juden
ein Jude werden
und den Griechen
ein Grieche –
aber nicht
den Kriechern
ein Kriecher.

1. Kor 9,20-23

Von der Kunst,
sich durchzuschlängeln

Im Ringen um die Wahrheit
tun wir Kinder der Neuzeit
uns besonders schwer,
sei es, dass wir es
allen zugleich
recht machen wollen,
sei es, dass wir den Ärger
einer Auseinandersetzung
fürchten.

So würden wir wohl
selbst den Sündenfall mit
seinen verlogenen Dialogen
und tödlichen Folgen
noch ganz ausgewogen
kommentieren wollen:

»Bevor wir auf die Aspekte
zu sprechen kommen, die
uns bei den hochinteressanten
Darlegungen der Schlange
nicht völlig überzeugt haben,
sollten wir doch zunächst ihr
großes Engagement

und ihr ernsthaftes Bemühen
bei der Verkehrung der Wahrheit
anerkennen …«

Oder:
»Zwar kommen wir nicht umhin,
den Verzehr der verbotenen Frucht
als todbringend zu kennzeichnen,
um der Ausgewogenheit willen
wollen wir aber doch zugleich auf
deren hohen Vitamingehalt hinweisen.«

1. Mose 2,4–3,24

Ihr werdet sein wie Gott!

Das Problem mit der Sünde ist,
dass sie verspricht,
was sie gar nicht geben kann,
aber dann hält,
was gar keiner haben wollte.

Umgekehrt heißt das,
dass wir die wahre
Erfüllung mancher
Versuchung finden,
wenn wir bei Gott suchen,
was uns fern von ihm
versprochen wurde, und
in seiner Gemeinschaft
wieder gewinnen,
was wir ohne ihn
verloren haben.

»… damit ihr dadurch
Anteil bekommt an
der göttlichen Natur.«

1. Mose 3,5; 2. Petr 1,3f.

Ich bin der Herr, dein Gott

Alles können wir
bekommen,
wenn wir an Gott
als dem Leben
und der Liebe
partizipieren,
und alles werden
wir verlieren,
wenn wir mit ihm
rivalisieren.

Wie reich wird
unser Leben,
wenn sich das
Leben selbst in
uns entfalten kann,
und wie arm und
einsam müssten
wir werden,
wollten wir
ohne die Liebe
oder gar gegen sie
existieren.

2. Mose 20,2ff.

In Wahrheit geliebt

Die Kraft zur Wahrheit
erhalten wir durch
die Stärke der Liebe.

Je mehr wir geliebt werden,
desto mehr können wir uns
selbst und anderen gegenüber
wahrhaftig werden.

Da Gott die Liebe in Person ist,
ermöglicht die Erkenntnis Gottes
immer zugleich eine befreiend
unverstellte und versöhnte
Selbsterkenntnis.

Denn wer könnte die
Wahrheit ertragen,
wenn er nicht in Liebe
gehalten würde?
Und wer wollte die
Wahrheit über sich
und sein Leben
länger verleugnen,
wenn er erfahren darf,

dass die Liebe
ihm selbst gilt –
und nicht nur den
Masken und Lebenslügen
seiner verzweifelten
Unwahrhaftigkeit?

»Wir haben erkannt und geglaubt
die Liebe, die Gott zu uns hat.
Gott ist die Liebe; und
wer in der Liebe bleibt,
der bleibt in Gott
und Gott in ihm.
Darin ist die Liebe
bei uns vollkommen,
dass wir Zuversicht haben
am Tag des Gerichts.«

»Darin ist erschienen die
Liebe Gottes unter uns, dass
Gott seinen eingebornen Sohn
gesandt hat in die Welt, damit
wir durch ihn leben sollen.
Darin besteht die Liebe: nicht,

dass wir Gott geliebt haben,
sondern dass er uns geliebt hat
und gesandt seinen Sohn zur
Versöhnung für unsre Sünden.«

1. Joh 4,9f.16f.

Auf dem Weg
der Vollkommenheit

oder: Freuet euch mit mir!

Unsere überspielte Mittelmäßigkeit
steht der Vollkommenheit
mehr im Wege als unsere
eingestandene Unvollkommenheit.

So kam Jesus schon damals mit
den offensichtlichen Sündern
schneller ans Ziel als mit
den vermeintlich Gerechten.

Allerdings war sein erklärtes Ziel
auch nicht unsere eigene
menschliche Vollkommenheit,
sondern unsere Freude und
Mitfreude an der vollkommenen
Liebe und Zuwendung Gottes.

»Mein Sohn, du bist allezeit bei mir,
und alles, was mein ist, das ist dein.
Du solltest aber fröhlich
und guten Mutes sein …«

Lk 15,6f.9f.31f.[6]

Erlöst zu Lust und Freude

Glaubensleben als Lebensfreude

Die Wüste und Einöde
wird frohlocken …
Sie wird blühen und jubeln
in aller Lust und Freude …
Die Erlösten des Herrn
werden wiederkommen
und nach Zion kommen
mit Jauchzen;
ewige Freude wird
über ihrem Haupte sein;
Freude und Wonne
werden sie ergreifen,
und Schmerz und Seufzen
werden entfliehen.

Denn ihr sollt in Freuden ausziehen
und im Frieden geleitet werden.
Berge und Hügel sollen vor euch her
frohlocken mit Jauchzen und
alle Bäume auf dem Felde
in die Hände klatschen.

Seid nicht bekümmert; denn die
Freude am Herrn ist eure Stärke.

Habe deine Lust am Herrn,
der wird dir geben,
was dein Herz wünscht.
Befiehl dem Herrn deine Wege
und hoffe auf ihn,
er wird's wohl machen.

Du tust mir kund den Weg zum Leben:
Vor dir ist Freude die Fülle und
Wonne zu deiner Rechten ewiglich.

Das ist meines Herzens
Freude und Wonne, wenn ich dich
mit fröhlichem Munde loben kann;
wenn ich mich zu Bette lege,
so denke ich an dich,
wenn ich wach liege,
sinne ich über dich nach.

Denn du bist mein Helfer,
und unter dem Schatten
deiner Flügel frohlocke ich.
Meine Seele hängt an dir;
deine rechte Hand hält mich.

Jes 35,1.2.10; 55,12; Neh 8,10;
Ps 37,4f.; 16,11; 63,6-9[7]

Lebendiger Glaube

Glaube ist nicht gleich Glaube,
sondern häufig auch das Gegenteil.

Wer an Christus glaubt,
der hat in ihm bereits
jetzt das ewige Leben.[8]

Wenn unser Glaube aber
nicht Leben fördert, sondern
mindert und einschränkt,
kann dies nicht der
Glaube an Christus sein,
sondern lediglich ein
unzulänglicher Ersatz.

Dann orientieren wir uns
nicht an Christus selbst,
sondern an unserem
falschen Bild von ihm,
oder wir versuchen,
auf eine andere Weise
an ihn zu glauben,
als er es uns in seinem Wort
zugesprochen hat.
Und meistens hängt das eine
mit dem anderen zusammen.

»Wer mein Wort hört
und glaubt dem, der
mich gesandt hat, der
hat das ewige Leben
und kommt nicht
in das Gericht,
sondern er ist
vom Tode zum Leben
hindurchgedrungen.«

»Ich bin gekommen, damit sie
Leben und Überfluss haben.«

»Ich bin die Auferstehung
und das Leben.
Wer an mich glaubt,
der wird leben,
auch wenn er stirbt;
und wer da lebt
und glaubt an mich,
der wird nimmermehr
sterben. Glaubst du das?«

Joh 5,24; 10,10; 11,25f.

Unbedingter Segen

Die
voraussetzungslose
Gnade
unseres Herrn
Jesus Christus

und die
bedingungslose
Liebe Gottes

und die
folgenreiche
Gemeinschaft
des Heiligen Geistes

sei mit Euch allen.

Nach 2. Kor 13,13

Weil ich dich liebe

Worin unterscheidet sich
der Gehorsam des Glaubens
von einem unreifen Gehorsam?

Der eine will die Weiten des
verheißenen Landes erkunden,
der andere eher seine Grenzen;
der Erste fragt danach, was er
sinnvollerweise tun kann,
der Zweite, was er nicht darf.

Der Gehorsam aus Liebe ist
am Du und am Wir orientiert,
der uneigentliche Gehorsam ist
selbst da, wo er tut, was er soll,
immer noch mit seinem Ich befasst.

Der Gehorsam aus Einsicht handelt,
weil es Leben fördert und richtig ist,
der Gehorsam aus Angst versteht nur,
dass ihm andernfalls ein Nachteil droht.

Der Erste handelt, weil er Zuwendung
und Anerkennung empfangen hat,
der Zweite aus Furcht, sie zu verpassen.[9]

Und er aß nicht und trank nicht

Geistliches Fasten ist nicht
der menschliche Versuch,
durch eigene Enthaltsamkeit
himmlische Erfahrungen
herbeizuzwingen,
sondern die Erfahrung,
dass ein Mensch von der
himmlischen Wirklichkeit
so überwältigt und
ergriffen sein kann,
dass er zu essen und
zu trinken vergisst.

Wer Wesentliches schaut,
verliert Unwesentliches
aus dem Blick;
wer sich aber zwingen muss,
Unwesentliches nicht zu betrachten,
der sieht noch lange nicht
das *Wesentliche*,
sondern bestenfalls
das Unwesentliche *nicht*.

Apg 9,3-9

Das Geschenk der Liebe

Gott liebt nicht
auf Kredit!

Was ihn
interessiert,
sind nicht
unsere Zinsen,
sondern wir.

Die Dankbarkeit,
an der er sich freut,
ist nicht unser
Zurückzahlen
des von ihm
Empfangenen
auf Heller und Pfennig,
sondern unsere
Zuwendung zu ihm
aus Liebe und Einsicht.

Lk 7,36-50

Rufe mich an in der Not!

»Not lehrt beten!«,
wird gerne gesagt,
aber die Liebe ist
die bessere Lehrerin!

Gewiss ist es richtiger,
um der Not willen
zu Gott zurückzufinden,
als von ihm – ohne Not –
abgewandt zu bleiben.

Es ist wohl nur von Gottes Liebe
und Zuneigung her zu verstehen,
dass er sich dafür nicht zu gut ist,
von uns nur angerufen zu werden,
wenn es uns schlecht geht.

Aber erst, wenn wir zu Gott
auch um seinetwillen beten
und wenn uns die Sorge
um andere zur Fürbitte treibt,
beginnen wir, den tieferen Sinn
und das eigentliche Geheimnis
des Gebetes zu erahnen.

»Ich liebe den Herrn, denn er
erhört die Stimme meines Flehens.
Er neigte sein Ohr zu mir; darum
will ich mein Leben lang ihn anrufen.«

»Herzlich lieb habe ich dich,
Herr, meine Stärke! Herr, mein Fels,
meine Burg, mein Erretter;
mein Gott, mein Hort, auf den ich traue,
mein Schild und Berg meines Heiles
und mein Schutz.«

»Denn deine Güte
ist besser als Leben;
meine Lippen preisen dich.
So will ich dich loben
mein Leben lang
und meine Hände
in deinem Namen aufheben.«

Ps 50,15; 116,1f.; 63,4f.

Lebensweise

Wenn wir im Leben
und durch unser Leben
Weisheit gewinnen,
sprechen wir von
Lebensweisheit.

Die Art und Weise,
wie wir unser Leben
verbringen und gestalten,
nennen wir *Lebensweise*.

Und was
können wir
für die *beste*
Lebensweise
halten? –
Sein Leben
lebensweise
zu gestalten.

Wenn ich das gewusst hätte!

Dass man aus Schaden klug wird
und es im Nachhinein besser weiß,
ist schon sprichwörtlich.

Nach einem erfolgreichen Ausgang
erweisen sich manche Sorgen
und Ängste als übertrieben
und mit dem nötigen Abstand
die Aufregung und der Ärger
des Alltags als unangemessen.

Wer würde in der Rückschau
auf sein Leben
seine Werte
nicht anders gewichten wollen,
und wer angesichts seines Alters nicht
seine Jugend noch einmal neu gestalten?

Lebensweisheit ist die Fähigkeit,
die Folgen seines Tuns schon in der
Phase seines Planens zu ermessen
und die Gelassenheit des Abstands
schon im Vollzug des Lebens einzuüben.

Weise sein bedeutet, nicht alle Fehler
der Menschheit seit Adam und Eva
noch einmal selbst machen zu müssen.

Mit der Zeit

Wenn wir mit
unserer Arbeit
nicht rechtzeitig
fertig werden,
dann sagen wir,
dass uns die Zeit
davonläuft oder
die Zeit ausgeht.

Das kann Gott
nicht passieren;
denn auf ihn als
den Ewigen und
Kommenden trifft
die Wendung zu:

»Die Zeit arbeitet für ihn!«

Offb 1,4.8

Zeitplanung

In der Wirklichkeit brauchen wir
für die Dinge, die wir uns vornehmen,
fast immer ein Mehrfaches von der Zeit,
die wir ursprünglich eingeplant hatten.

Wir könnten zwar genau wissen,
dass mit Sicherheit wieder etwas
Unvorhergesehenes passieren wird
und wir nicht jede freie Stunde zur
ungestörten Arbeit kommen werden,
aber wir berauschen uns an der Illusion,
dass dieses Mal gewiss alles anders ist.

Vielleicht sollten wir bei unseren
zukünftigen Planungen besser nach
der bewährten Formel verfahren:

$$W = t \times \pi$$

»In Wirklichkeit wirst du wohl
wieder Pi (π = 3,141592…)-mal
mehr Zeit brauchen,
als du leichtsinnigerweise zugesagt hast –
oder ist es 3,141593-mal?«[10]

Und siehe, es war sehr gut

Gott hat Himmel und Erde in
ihrer ganzen Schönheit allein
durch sein Wort erschaffen,
obwohl die Erde zu Beginn nur
wüst und leer und finster war.

Schenkt uns das in unserer
eigenen kleinen chaotischen Welt
nicht die heitere Gelassenheit
der Geschöpfe Gottes und
die gespannte Erwartung
auf Gottes nächstes Wort?

»Denn des Herrn Wort ist wahrhaftig,
und was er zusagt, das hält er gewiss.
Der Himmel ist durch
das Wort des Herrn gemacht
und all sein Heer durch
den Hauch seines Mundes.
Denn wenn er spricht, so geschieht's;
wenn er gebietet, so steht's da.«

1. Mose 1,1-31; Ps 33,4.6.9

Zuviel des Guten ist weniger als optimal

Der *Perfektionist* hält
sich selber durch seine
überzogenen Erwartungen
von seinem Ziel der
Vollkommenheit ab.

Weil für ihn erst alles
vollkommen sein muss,
bevor er sich zufrieden gibt,
verwickelt er sich fortwährend
in seiner Unzufriedenheit.

Der *Optimist* schaut nach
dem Bestmöglichen aus
und sucht das gegenwärtig
Optimale zu erreichen.

Damit ist er schon lange
unterwegs auf seinem
Weg zum Guten,
während der Perfektionist
sich noch von dem
nicht ganz so Guten
aufhalten lässt.

Erschaffen, nicht erschöpfen

Wenn wir
ganz und gar
erschöpft sind,
dann hilft uns
gelegentlich
am besten –
die Kreativität.

Denn was uns
als erschöpfte
Geschöpfe
wiederbelebt,
ist nicht etwa
nur die Ruhe,
sondern oft auch
die schöpferische
Entfaltung.

Die Mus(s)e des Dichters

Zeit zum Denken,
Zeit zum Schreiben,
Zeit, sich diese zu vertreiben,
ist des Dichters größte Wonne –
und vielleicht noch etwas Sonne.

Zeit zum Denken,
Zeit zum Schreiben,
Zeit, sich diese zu vertreiben,
Innenwelten zu bereisen –
Worten will er Wege weisen.

Zeit zum Denken,
Zeit zum Schreiben,
Zeit, sich diese zu vertreiben,
Stift, Papier und freie Sicht –
große Fahrten braucht er nicht.

Im Laufe der Zeit

Aus zeitlicher Sicht mögen wir
Tag für Tag älter werden;
aus Sicht der Ewigkeit aber
werden wir bis zum Jüngsten Tag
immer jünger.

Denn wir leben
als Glaubende nicht nur
in unserer eigenen,
ablaufenden Geschichte,
sondern vor allem in der
anlaufenden Geschichte
der Erfahrung von
Gottes Zuwendung zu uns.

Mag auch unser äußerer Mensch
mit seinen eigenen Möglichkeiten
im Laufe der Jahre weniger werden,
so wird doch der innere Mensch
– als den Gottes Liebe uns sieht
und uns immer mehr entfaltet –
täglich verjüngt und erneuert.

2. Kor 4,16

Lebensperspektive

Hoffende haben
das Leben vor sich!

Es gibt verzweifelte
junge Menschen
und hoffnungsvolle,
zuversichtliche Alte.

Das Ausmaß der
eigenen Hoffnung
ist weniger eine
Frage des Alters
als der Perspektive.

Nur nichts schuldig bleiben!

Was zeichnet uns als
gutbürgerlich fromme
Menschen aus?

Spätestens zum Rentenbeginn
wollen wir unser eigenes
Häuschen abgezahlt haben –
und bis zum Jüngsten Tag
unsere himmlischen Wohnungen.

Für Ersteres spricht der
gesunde Menschenverstand,
gegen Letzteres neben diesem
auch noch der göttliche Geist.

Wie klein stellen wir uns denn
die himmlischen Wohnungen vor,
dass wir denken, wir könnten sie je
auf irgendeine Weise finanzieren?

Und für wie gering erachten wir das
Vermögen und Geschenk Christi,
dass wir meinen, wir müssten ihm
bei der Vorbereitung des Hauses

seines Vaters durch Eigenleistungen
unter die Arme greifen?

»In meines Vaters Hause
sind viele Wohnungen.
Wenn's nicht so wäre, hätte
ich dann zu euch gesagt:
Ich gehe hin, euch
die Stätte zu bereiten?
Und wenn ich hingehe,
euch die Stätte zu bereiten,
will ich wieder kommen
und euch zu mir nehmen,
damit ihr seid, wo ich bin.«

»Denn wir wissen:
Wenn unser irdisches Haus,
diese Hütte, abgebrochen wird,
so haben wir einen Bau,
von Gott erbaut, ein Haus,
nicht mit Händen gemacht,[11]
das ewig ist im Himmel.«

Joh 14,2f.; 2. Kor 5,1

Wo geht es denn hier
in die Zukunft?

Ohne die Gewissheit
und Geborgenheit
eines endgültigen
»Dort und Dann«
gibt es auch
keine Hoffnung
für das vorläufige
»Hier und Jetzt«.

Wer kein Ziel hat,
mag wohl irgendwann
irgendwo ankommen,
er kann sich aber
kaum zielbewusst
auf den Weg machen
und zielstrebig alle
Hindernisse überwinden.

So lebt die zuversichtliche
Gegenwart von der Zukunft,
und die Hoffnung hat viel mehr
mit der Gestaltung unserer
Wirklichkeit zu tun,
als wir ahnen.

Zu guter Letzt der Beginn

»Siehe, ich schaffe alles neu!«

Warum wird Gottes *zukünftiges* Wirken
in Aufnahme unserer unerlösten *Herkunft*
beschrieben –
und unsere eigene *Erneuerung*
in Anspielung auf *Vergangenes*?

So ist von einer neuen *Schöpfung*
und einem neuen *Jerusalem* die Rede,
vom Abwischen der früheren *Tränen*
und vom *Paradies*, in das die auf
Gott Hoffenden eingehen werden.[12]

Eröffnet uns nicht erst der Abschluss
das eigentliche Ziel unseres Ausgangs?

Könnten wir denn wirklich
von Vollendung sprechen,
wenn nicht zuvor die Leere
des Beginns ausgefüllt würde?

Was fängt man mit einem Schluss an,
der nicht mit dem Anfang endet?

Sollten wir nicht
vor allen Dingen
beim Ausklang
im Einklang sein?

»Am Anfang schuf Gott
Himmel und Erde …«

»Und Gott wird
abwischen alle Tränen
von ihren Augen,
und der Tod wird
nicht mehr sein,
noch Leid
noch Geschrei
noch Schmerz
wird mehr sein;
denn das Erste
ist vergangen.
Und der auf dem
Thron saß, sprach:
Siehe, ich schaffe
alles neu!«[13]

1. Mose 1,1; Offb 21,4f.

Glaube und Theologie?

Gelegentlich wird man als
Theologe erstaunt gefragt,
ob sich Wissenschaft und Glaube
nicht eigentlich ausschließen.

Kann denn ein promovierter Arzt
selbst nicht gesund leben
und ein Gynäkologe persönlich
nicht glücklich verheiratet sein?

Es mag zutreffen, dass
manche Theologen sich
von dem distanzieren,
was eigentlich der Gegenstand
ihrer wissenschaftlichen
Beschäftigung ist –
und dass manche Gläubige
die theologische Forschung
schon grundsätzlich ablehnen.

Das liegt aber dann
weder im Glauben

noch in der Wissenschaft
an sich begründet,
sondern im ungläubigen
Wissenschaftler und im
wissenschaftsfeindlichen
Gläubigen.

Botschafter für Christus

Wir sollten nicht weniger leben,
als wir selbst verkündigen –
aber viel mehr verkündigen,
als wir selbst gerade leben.

Es ist zwar vorbildlich, wenn
wir von den Gewissheiten,
die wir anderen zusprechen,
auch selbst ergriffen sind,
aber wir dürfen die Zusage Gottes
an andere nicht von unserem
eigenen momentanen Erleben
abhängig machen.

So werden wir bei unserem Predigen
durchaus persönlich vorkommen,
aber persönlich weder der Inhalt
noch der Maßstab unserer Predigt sein.

»Denn wir predigen nicht uns selbst,
sondern Jesus Christus,
dass er der Herr ist,
wir aber eure Knechte um Jesu willen.«

2. Kor 4,5; 5,20

Glaubenserkenntnis

Eine gute
Glaubenslehre
bewahrt vor der
Glaubensleere.

Ich bin der Herr, der euch heiligt

»Sollten wir in der Verkündigung
neben der Rechtfertigung nicht
auch wieder die Heiligung
viel stärker betonen –
und neben der Gnade das
menschliche Einbezogensein
in das Glaubensgeschehen?« –

Gewiss, eine Rechtfertigung,
die nicht zur Heiligung führt,
wäre so widersprüchlich wie eine
Trauung ohne gemeinsame Ehe.

Aber eine Heiligung, die nicht allein
in Gottes Zuwendung, Gnade
und Gemeinschaft gründet,
wäre wie eine Ehe ohne Liebe.

»Durch ihn aber seid ihr
in Christus Jesus,
der uns von Gott
gemacht ist zur Weisheit
und zur Gerechtigkeit
und zur *Heiligung*

und zur Erlösung,
damit, wie geschrieben steht:
›Wer sich rühmt, der
rühme sich des Herrn!‹«

3. Mose 20,8; 1. Kor 1,30f.

Geschenkweise

Gratis per gratiam

Warum kann es bei denen, die
Gottes bedingungslose Liebe
zu ihnen wirklich erkannt haben,
nicht zu dem Missverständnis
einer »billigen Gnade« kommen?

Nicht etwa, weil sie die
frei empfangene Gnade
durch fromme Gegenleistung
wieder zurückzahlen müssten,
sondern weil für sie
das kostenlose Geschenk der
Zuwendung und Güte Gottes
so wertvoll und teuer ist, dass
sie es um keinen Preis mehr
verlieren oder missen wollten.

»Sie werden geschenkweise –
also umsonst,
ohne es verdient zu haben –
gerecht aus seiner Gnade
durch die Erlösung,
die in Christus Jesus ist.«

Röm 3,24; Eph 2,4-9

Ein Herr, ein Leib,
doch viele Glieder

Eine christliche Gemeinde,
in der nur ein einzelnes
Mitglied das Sagen hat
und alles bestimmen will,
ist so unorganisch
wie ein Skelett mit
einer redenden Zunge –
schauerlich vielsagend
und beklemmend leblos.

»Einem jeden ist die
Offenbarung des Geistes
gegeben zum Nutzen aller.
Denn wie der Leib einer ist
und doch viele Glieder hat,
alle Glieder des Leibes aber,
obwohl sie viele sind,
doch ein Leib sind:
so auch Christus.
Denn auch der Leib ist nicht
ein Glied, sondern viele.«

1. Kor 12,7.12.14[14]

Wir sind doch keine Heiden!

Was kann bei
unsereinem
an die Stelle des –
aus der griechischen
Sagenwelt abgeleiteten –
Ödipus-Komplexes treten?

Die Kränkung darüber,
dass die Dreieinigkeit
auch ohne uns bereits
vollzählig ist.

Die schönen Gottesdienste des Herrn

Vielleicht werden unsere
Gottesdienste schon deshalb
als so wenig glaubwürdig
und anziehend empfunden,
weil wir oft selbst bei allem
Vorbereiten und Dienen
aus dem Blick verlieren,
was sie für uns eigentlich
bedeuten könnten.

Wenn wir wirklich
»Gottes-Dienst« im Sinne
des Evangeliums feiern,
dann wird uns bei
allem Singen und Beten,
Sprechen und Hören
zunehmend bewusst sein,
dass in Wahrheit
Gott uns dient
und nicht wir ihm.

Als Beschenkte sind wir
ergriffen von Dank,
als von Liebe Überwältigte
drängt es uns zu verkündigen,

als durch Anerkennung
und Wertschätzung Erfüllte
bleibt uns nichts anderes übrig,
als zu loben und anzubeten.

Womit auch immer wir
im Gottesdienst Gott und
einander dienen mögen,
es ist und bleibt immer
Reflex und Ausdruck
seines Dienstes an uns –
und allein darin besteht dann
auch die Attraktivität und
Schönheit unserer Gottesdienste.

»Eines bitte ich vom Herrn,
das hätte ich gerne;
dass ich im Hause des Herrn
bleiben könne mein Leben lang,
zu schauen die schönen
Gottesdienste des Herrn …«

Ps 27,4

Nicht logisch, aber tröstlich

Gott kann mit uns,

auch wenn wir
noch so weite
Umwege machen,

in seiner Weisheit
geradewegs
zum Ziel kommen.

Licht war

Licht war,
und was bleibt,
ist die Nacht.

Glücklich,
wem nach
allem Dunkel
ein Morgen
beschieden.

Glaubensleben – Lebenstrauer

Weil uns in der Trauer bewusst wird,
was uns wertvoll und wichtig ist,
können wir sie nicht übergehen,
ohne uns selbst zu verlieren.
Sie ist der Schmerz der Wesentlichkeit.

Es tröstet uns in unserer Trauer,
wenn wir das, was wir lieben
und was unser Leben erfüllt,
nicht einfach entrissen bekommen,
sondern dem anvertrauen können,
der selbst das Leben und die Liebe ist.

Der Glaube hebt die Trauer nicht auf,
und er will den Verlust nicht erklären,
aber er will uns helfen,
am Ende die Hoffnung wiederzufinden,
ohne die die Liebe nicht überleben kann.

In unserer Trauer schauen wir
auf unser Leben zurück,
in Gottes Hoffnung dürfen wir
seinem Leben entgegensehen.

Und er verließ alles und folgte ihm nach

Ich will nicht meine
Zukunft verpassen,
nur weil ich meine
Vergangenheit nicht
loslassen kann.

Warum sollte ich mich auch
verzweifelt an das klammern,
was ich nicht festhalten kann?
Wenn ich doch ergreifen darf,
was ich nie mehr entbehren will.

Um zu gewinnen,
lasse ich also los,
nicht um zu verlieren.

Lieber folge ich
meiner Zukunft nach,
als meiner Vergangenheit
hinterherzulaufen.

Lk 5,28; Mk 1,18.20

Vom Leben eingeholt

Manchmal geschieht es,
dass wir auf unserem
traurigen Weg aus einer
erfüllenden Vergangenheit
in eine trostlose Zukunft
vom Leben eingeholt werden
und – ohne es zu erkennen –
mit dem Leben selbst bereits
im gleichen Schritt gehen,
dessen Verlust wir gerade
wortreich beklagen.

Was uns dann noch fehlt zum
Entbrennen unserer Herzen, ist
allein die Öffnung unserer Augen
und das Erkennen der eigentlich
offensichtlichen Realität.

Denn in Wahrheit
mangelt es uns nicht
an Wirklichkeit, sondern
an Wahrnehmung des
wirklichen Lebens.

So wie den beiden Jüngern
auf ihrem Weg nach Emmaus –
zum Beispiel!

»Und es geschah, als sie so redeten
und sich miteinander besprachen,
da nahte sich Jesus selbst
und ging mit ihnen …«

»Da wurden ihre Augen geöffnet,
und sie erkannten ihn …
Und sie sprachen untereinander:
Brannte nicht unser Herz in uns,
als er mit uns redete auf dem Wege
und uns die Schrift öffnete?«

Lk 24,15.31f.

Seid brennend im Geist!

Brennend sollen wir sein,
nicht »*ver*brennend«!
»*Im Geist*« sollen wir brennen,
also in der Gesinnung
und Gegenwart Gottes,
aber nicht vor Ehrgeiz
und Geltungsdrang,
nicht aus Leistungsdruck
oder Zwanghaftigkeit
unseres »Fleisches«.

Wenn wir auch noch stolz
darauf sind, dass wir uns
vor lauter Sorge und Mühe
gänzlich verzehren –
so wie eine Kerze,
die an beiden Seiten
zugleich entzündet wurde –,
dann brennen wir zumindest
an einer von beiden Seiten
ganz gewiss nicht »geistlich«.

Röm 12,11; 8,1-11

Was heißt Burn-out auf Hebräisch?

»Und der Engel des Herrn
erschien ihm in einer feurigen
Flamme aus dem Dornbusch.
Und er sah, dass der Busch
im Feuer brannte und
doch nicht verzehrt wurde.
Da sprach er:
Ich will hingehen und die
wundersame Erscheinung besehen,
warum der Busch nicht verbrennt.«

Was interessierte Mose
an dieser wundersamen
Erscheinung Gottes?

Was faszinierte ihn,
der in Gottes Namen
und Kraft ein ganzes Volk
in das verheißene Land
führen sollte,
aber aus eigener Stärke
lediglich einige Schafe
zu behüten wusste?

Was beeindruckte Mose

an diesem Busch, ihn,
den Gott trotz
seiner Unfähigkeit
und seines Alters
zur Erlösung sandte,
obwohl er doch
auf dem Höhepunkt
seiner Schaffenskraft
und Bildung kaum
sein eigenes Leben
retten konnte
und ausgebrannt
in der Wüste landete?

Wen Gott selbst
sendet und gebraucht,
der wird wohl vor
Begeisterung brennen,
aber er brennt nicht aus,
der mag für seinen Auftrag
Feuer und Flamme sein,
doch er wird durch ihn
nicht verzehrt.

2. Mose 3,2f.[15]

Entwürdigte Idee
oder herrliche Realität?

»Jede Idee verliert,
wenn sie real wird,
ihre Würde.«

J. W. v. Goethe

Wie viele politische Ideen
wurden bei ihrer Umsetzung
nicht schon zur Tyrannei!
Und wie viele unserer Träume
führten bei ihrer Verwirklichung
nicht schon zur Enttäuschung!

Mögen Ideen auch nach
menschlichem Ermessen,
wenn sie real werden,
ihre Würde verlieren,
Gottes Weisheit hat ihre Würde
gerade dadurch realisiert,
dass sie Mensch wurde.

Das Wort Gottes hat seine Herrlichkeit
darin erwiesen, dass es Fleisch wurde,
und der Sohn Gottes seine Würde,
indem er sie als Mensch bewährte.

Sein erniedrigender Kreuzestod
wird als Ausdruck seiner
einzigartigen Hoheit erkannt,
und seine überlegene Herrschaft
zeigt sich in seinem
vorbehaltlosen Dienen.

Es ist dem Sohn Gottes gelungen,
sich mit seiner Menschwerdung
nicht etwa als eine entwürdigte
Idee zu offenbaren,
sondern als die herrliche
Realisierung des Menschen,
wie er der Idee seines Vaters
seit der Schöpfung entspricht.

»Und das Wort ward Fleisch
und wohnte unter uns, und
wir sahen seine Herrlichkeit,
eine Herrlichkeit als des
eingeborenen Sohnes vom Vater,
voller Gnade und Wahrheit.«

Joh 1,14

Der Mond ist aufgegangen und mir mit ihm ein Licht

Wir sind als Menschen dazu geschaffen, Ebenbild Gottes zu sein, wie es schon der Schöpfungsbericht bezeugt: »Gott schuf den Menschen zu seinem Bilde, zum Bilde Gottes schuf er ihn« (1. Mose 1,27). Aber was ist genau mit dieser Ebenbildlichkeit gemeint? An eine äußere Ähnlichkeit oder Nachbildung kann wohl kaum gedacht sein, da Gott nicht wie ein Mensch vorgestellt wird oder abgebildet werden soll (2. Mose 20,4). Eher könnte man bei der Ebenbildlichkeit gemäß dem Schöpfungsbericht daran denken, dass der Mensch den Auftrag erhält, im Namen Gottes und vor ihm über die Erde und die übrigen Geschöpfe in Fürsorge und Verantwortung zu herrschen. Dann bezöge sich die Ebenbildlichkeit auf die Verantwortung, gemäß dem Auftrag Gottes und für ihn auf dieser Erde zu leben. Aber auch damit bleibt die Frage noch offen, wie dieses stellvertretende Handeln des Menschen als Bild und Gegenüber Gottes genau zu verstehen und auszuleben ist.

Während wir in der deutschen Sprache von den Begriffen »Bild«, »Ebenbild« und »Abbild« an sich noch keine klare Vorstellung ableiten können, hilft uns die griechische Sprache weiter, in der die ersten Christen ihre »Heilige Schrift« gelesen haben und die neutestamentlichen Bücher ursprünglich geschrieben wurden. Vom griechischen Sprachgebrauch und Denken her könnte man den biblischen Begriff »Ebenbild« – *eikōn* – etwa so bestimmen: Das Ebenbild ist der *sichtbare Ausdruck einer unsichtbaren Kraft*, die *erkennbare Verkörperung eines unsichtbaren Wesens*, das *wahrnehmbare Spiegelbild eines an sich verborgenen Urbildes*. In dieser Weise wird das Urbild durch das Ebenbild *repräsentiert* – d. h., es ist *in ihm offenbar, gegenwärtig und wirksam*.

So wird Jesus Christus in 2. Kor 4,4.6 und Kol 1,15 als das Ebenbild Gottes bezeichnet, weil wir in seinem Angesicht das Wesen und die Herrlichkeit Gottes, seines Vaters, erkennen können und in ihm der an sich unsichtbare Gott für uns sichtbar und offensichtlich wirksam ist: »Er ist das Ebenbild des unsichtbaren Gottes« (Kol 1,15). Durch seine Menschwerdung und sein irdisches Leben hat der Sohn Gottes das Wesen seines himmlischen Vaters offenbar gemacht und durch seine Zuwendung und Hingabe bis zum eigenen Tod die Liebe und Güte Gottes für uns verkörpert. Er hat in allem, was er lebte, verkündigte und tat, das Wesen Gottes, seines Vaters, so widergespiegelt, dass es für uns greifbar und erfahrbar wurde. Deswegen kam es bei uns »zur

Erkenntnis der Herrlichkeit Gottes in dem Angesicht Jesu Christi« (2. Kor 4,6).

Damit konnten die ersten Christen von Jesus Christus bekennen, was Israel zuvor nur von Gottes eigenem Wort und seiner eigenen Weisheit zu sagen wagte – denn sie erkannten in Christus als dem Sohn Gottes die Weisheit Gottes in Person (1. Kor 1,30) und das Mensch gewordene Wort Gottes (Joh 1,1-18).[16] Wer ihn sah, der sah zugleich den Vater; und wer ihn hörte, der hörte in Wahrheit Gottes Wort (Joh 5,19f.30; 12,44-50; 14,7-11).

Wenn nun auch wir als an Christus Glaubende das Wesen und die Herrlichkeit Gottes für andere Menschen sichtbar machen sollen (2. Kor 3,18; 4,6), wie wir sie bei Christus gesehen und erkannt haben, liegt alles daran, dass wir unsere Bestimmung zur Ebenbildlichkeit richtig verstehen. Als Ebenbilder sind wir selbst nicht die Quelle, sondern der Strahl. Wir sind nicht das Licht, sondern der Widerschein. Denn das Geheimnis eines Ebenbildes liegt nicht in seiner eigenen Kraft und Energie, sondern in dem Wesen seines Urbildes, auf das es bezogen ist und an dem es teilhat.

Worin der entscheidende Unterschied zwischen einem so verstandenen Ebenbild und einer falsch verstandenen Abbildlichkeit und Nachahmung besteht, bekommen wir jedes

Mal anschaulich vor Augen gestellt, wenn uns der volle Mond in der Nacht bei klarem Himmel leuchtet. Obwohl er selbst keine Lichtquelle ist und keine eigene Energie zum Leuchten hat, strahlt er für uns das Licht der Sonne auch mitten in der Nacht zurück. Das Geheimnis seiner Faszination liegt nicht in seinem eigenen Vermögen, denn er verkörpert nicht die Lichtquelle, sondern die Widerspiegelung des Lichtes. Seine Wirkung beruht darin, dass er das in der Nacht für uns an sich unsichtbare Licht der Sonne auffängt und zurückstrahlt. Er lässt uns an dem teilhaben, was er selbst empfängt. So sehen wir in Wahrheit eigentlich nicht den Mond, sondern die Sonne im Angesicht des Mondes strahlen; und was uns am Ebenbild fasziniert, ist der Widerschein des Urbildes.

Der Mond ist als Ebenbild – also ohne Einschränkung und Vorbehalt – auf die Sonne bezogen und steht nicht etwa in einem Konkurrenzverhältnis zu seinem Urbild. Er braucht es weder zu imitieren noch mit ihm zu rivalisieren. Er würde es nicht einmal wahrnehmen, dass er auch selbst strahlt, weil er ganz in dem hellen Licht der Sonne steht, von der er alle Ausstrahlung bezieht. Nur manchmal kann es doch passieren, dass selbst bei Vollmond und in klarer Nacht das Licht der Sonne sich für uns verdunkelt, dann nämlich, wenn sich unsere Welt – die

Erde – zwischen den Mond und seine Sonne stellt und ihn für kurze Zeit verfinsternd um seine Faszination und Wirkung bringt.[17]

Ist das nicht herrlich?

Erkennen bedeutet im Bilde sein

»Nun aber spiegelt sich bei uns allen[18]
die Herrlichkeit des Herrn
in unserem aufgedeckten Angesicht,
und wir werden verwandelt in sein Bild
von einer Herrlichkeit zur anderen
von dem Herrn, der der Geist ist.«

Wir sollen keine eigene
Herrlichkeit vorspiegeln,
sondern Gottes Herrlichkeit
unverhüllt und offen widerspiegeln.

Es ist nicht mehr nötig, dass wir
unser wahres Gesicht vor Gott
und anderen Menschen verbergen,
weil wir in Gottes Herrlichkeit
ganz als wir selbst geborgen sind.

Wir brauchen nicht
kraft unserer eigenen
Energie zu strahlen,
sondern dürfen uns
von Gottes Licht
uneingeschränkt

und unverdeckt
bestrahlen lassen.

Denn Gottes herrliche Liebe
können wir gewiss nicht
von uns aus produzieren,
aber wir dürfen sie als
von ihm Geliebte reflektieren.

Das ist nämlich die gute Nachricht,
dass wir nicht selbst als große
Leuchten erscheinen müssen,
sondern das helle Licht des
Evangeliums erblicken dürfen,
wie es in dem uns zugewandten
Angesicht Jesu Christi erstrahlt.

Von uns wird also nicht erwartet,
dass wir uns aus eigener Fähigkeit
zum Abbild Jesu Christi ausbilden,
sondern dass wir endlich werden,
was wir schon seit der Schöpfung
sein sollten und was Jesus Christus

allezeit und offensichtlich ist,
nämlich Gottes Ebenbild.

Sein Ebenbild sind wir aber nicht,
indem wir uns selbst erleuchten,
sondern indem der Gott, der einst
das Licht durch sein Wort erschuf,
das Licht seiner Erkenntnis in uns
und durch uns für andere Menschen
erkennbar zum Leuchten bringt.

»Denn Gott, der sprach:
Licht soll aus der Finsternis
hervorleuchten,
der hat einen hellen Schein
in unsre Herzen gegeben,
dass durch uns entstünde
die Erleuchtung zur Erkenntnis
der Herrlichkeit Gottes in
dem Angesicht Jesu Christi.«

2. Kor 3,18; 4,4.6

Reflektierend – aber nicht selbstreflexiv

»Und Mose wusste nicht,
dass die Haut seines
Angesichts glänzte,
weil er mit Gott
geredet hatte.«

Wir haben den Menschen
am meisten zu sagen,
wenn wir zuvor mit
Gott gesprochen haben.

Was uns für die Beziehung
zu anderen am wertvollsten
werden lässt, ist unsere
eigene Gottesbeziehung.

Zu einer strahlenden
geistlichen Persönlichkeit
werden wir nicht,
indem wir uns auf uns
selbst konzentrieren und
an uns selbst arbeiten,

sondern wenn wir uns
an Gott orientieren
und uns allein von seiner
Herrlichkeit her verstehen.

Warum nehmen wir dann
nur so wenig von unserer
eigenen Ausstrahlung und
leuchtenden Wirkung wahr?

Wer Gott selbst schaut,
der reflektiert wohl
für andere sichtbar
Gottes Herrlichkeit
in seinem Angesicht,
aber um sich selbst
als strahlend zu empfinden,
müsste er seine Augen
von Gott abwenden –
und würde damit schon
nicht mehr leuchten.

»Der Herr aber redete
mit Mose von Angesicht
zu Angesicht,
wie ein Mann mit
seinem Freunde redet.«

2. Mose 34,29; 33,11[19]

Glaubenswachstum

Was ist das Ziel unserer Entwicklung?

Unsere »erste Liebe«
sollten wir als letztes
verlieren wollen,
und erwachsen
im Glauben
werden wir,
wenn wir
nichts anderes
mehr sein mögen
als Gottes Kinder.

Unseren leiblichen
Eltern gegenüber
sollten wir im Laufe
unserer Entwicklung
selbständig werden;
und von anderen Menschen
wollen wir grundsätzlich
nicht abhängig sein.

Aber Gott ist nicht ein
Mensch unter Menschen,
sondern *das* Leben
und *die* Liebe selbst.
Unser himmlischer Vater

ist als unser Schöpfer
bleibend die Grundlage
all unseres Seins.

Wer aber wollte auf
das Leben und die Liebe
verzichten
und sie nicht vielmehr
in vollen Zügen genießen
und sie immer mehr
für sich beanspruchen
und entfalten?

So ist das Ziel unserer
Glaubensentwicklung
nicht die Unabhängigkeit
von Gottes Liebe
und die Erübrigung
seiner Zuwendung
und Gnade,
sondern die Offenheit,
die Zuneigung und
Empfangsbereitschaft
gegenüber *dem* Gott,

der nichts lieber tut,
als uns zu beschenken
und für uns da zu sein.

Wir werden erwachsen,
indem wir uns als
Kinder Gottes entdecken;
und wir erleben uns als
unabhängig, frei
und eigenständig,
wenn wir als Geschöpfe
unser Angewiesensein auf
unseren Schöpfer genießen.

Mütter und Väter im Glauben
kann man daran erkennen,
dass sie Menschen gegenüber
unabhängig und selbständig sind –
aber Gott, ihrem Vater, gegenüber
ohne Vorbehalt und Eitelkeit
in kindlichem Vertrauen leben.

Mt 18,3; Mk 10,15; 1. Petr 2,2[20]

Lebens-Erfahrung

Erkannt haben oder sein?

Dich zu erkennen,
Christus, bedeutet,
dich zu lieben.

Deine Liebe zu begreifen
heißt unweigerlich,
von ihr ergriffen und
überwältigt zu sein.

Dein Leben zu erfahren,
bedeutet selbst schon,
an ihm teilzuhaben.

Dein Licht zu schauen
bewirkt unabwendbar,
von ihm auch selber
erleuchtet zu sein.

Wer dich erkennt,
der ist von dir erkannt;
und wer dich liebt,
der hat begonnen,
deine Liebe zu erfahren.

»Wenn jemand meint,
er habe etwas erkannt,
der hat noch nicht erkannt,
wie man erkennen soll.
Wenn aber jemand Gott liebt,
der ist von ihm erkannt.«

»Nicht, dass ich ihn
schon ergriffen habe oder
schon vollkommen sei;
ich jage und strebe aber danach,
ob ich ihn wohl auch ergreife,
weil – und so wie – ich
von Christus Jesus ergriffen bin.«

1. Kor 8,2f.; Phil 3,12[21]

Der Geist hilft unserer Schwachheit auf

Du verstehst es, Herr,
mich besser zu verstehen,
als ich mich selbst verstehe.

Du hörst bei meinen Worten,
was ich eigentlich sagen will und
was ich unausgesprochen meine.

Du erhörst meine Gebete
nicht etwa nur so, wie ich
sie gerade spreche, sondern
wie es meinem eigentlichen
Anliegen entspricht.

So kommt es oft vor, dass ich meine
wirklichen Wünsche und Hoffnungen
erst aus der Rückschau deiner
wunderbaren Erhörungen erkenne
und den tiefen Sinn meiner Gebete
erst von deiner Erfüllung her erahne.

Wie soll ich wissen, was ich meine,
bevor du erhört hast, was ich bete?

Ps 139,1ff.; Röm 8,26f.

Ganz neue Dimensionen

Wenn wir in unserer kleinen
dreidimensionalen Wirklichkeit
die Realität der Gegenwart Christi
in uns erkennen und anfangen,
die Fülle seiner Liebe zu begreifen,
dann gewinnt unser begrenztes Leben
mit seiner Breite, Länge und Höhe
eine völlig neue *Tiefen*dimension,
die wir zuvor weder erkennen
noch erahnen konnten:

»Dass Christus durch den Glauben
in euren Herzen wohne und
ihr in der Liebe eingewurzelt
und gegründet seid.
So könnt ihr mit allen Heiligen begreifen,
welches die *Breite* und die *Länge*
und die *Höhe* – und die *Tiefe* ist,
auch die Liebe Christi erkennen,
die alle Erkenntnis übertrifft,
damit ihr erfüllt werdet
mit der ganzen Gottesfülle.«

Eph 3,17-19

In der Stille

Sprachlos
begann
mein Gebet;
aber wie
vielsagend
war für mich,
während wir gingen,
dein Schweigen.

Betet ohne Unterlass!

»Die ihr den Herrn erinnern sollt,
ohne euch Ruhe zu gönnen,
lasst ihm keine Ruhe …«

Nicht der Vergesslichkeit Gottes
sollen unsere unentwegten Gebete
um Gottes Eingreifen wehren,
sondern unserer eigenen.

Gott will von uns an
seine Verheißungen
erinnert werden,
damit wir ihn in seiner Liebe
und Zusage ernst nehmen
und uns selbst von seiner
Hilfe und Zuwendung
her verstehen lernen.

Wir müssen ihn nicht erst bitten,
damit er auf uns aufmerksam wird,
sondern er ist uns so zugewandt,
dass wir uns ständig und mit allem
an ihn wenden können.

Gott erhört uns nicht nur,
weil wir ihn darum bitten,
sondern er bezieht uns in
seine Fürsorge und Liebe ein,
weil er uns erhören will.

Denn in unserer Fürbitte
behaften wir Gott
bei seinem eigenen Wesen
und sehen die anderen,
für die wir eintreten,
mit den Augen seiner Liebe.

Als Betende lassen wir uns
für seine Perspektive auf
die Menschen gewinnen,
und wir werden ihm –
ohne es zu merken –
in unserem Denken
immer ähnlicher.

So entwickelt und
bewegt sich,
während wir beten,

in uns selbst und
unserem Leben
gewiss nicht weniger
als bei Gott im Himmel.

1. Thess 5,17; Jes 62,6

Und hörte seiner Rede zu

Bei einem an Christus
orientierten Glauben
geht es weniger um die
Quantität des Handelns
als um die
Qualität der Beziehung.

Um am richtigen Ort
und zur richtigen Zeit
bei der richtigen Person
richtig zu handeln,
hilft nicht die Aufgeregtheit
einer unbegrenzten Vielzahl
von Sorgen und Mühen,
sondern nur die Konzentration
auf die eine Person und ihr
augenblickliches Anliegen.

»Marta, Marta, du sorgst
und mühst dich um vieles.
Eins aber ist Not.
Maria hat das gute Teil erwählt;
das soll ihr nicht genommen werden.«

Lk 10,41f.; Joh 12,1ff.

Eine dreifache Schnur reißt nicht

Im Glauben gewiss,
in der Liebe geborgen,
in der Hoffnung gespannt.

Im Glauben geduldig,
in der Liebe getröstet,
in der Hoffnung gelassen.

Im Glauben gewachsen,
in der Liebe gestärkt,
in der Hoffnung gereift.

»Einer mag überwältigt werden,
aber zwei können widerstehen,
und eine dreifache Schnur
reißt nicht leicht entzwei.«

»Nun aber bleiben
Glaube, Hoffnung, Liebe,
diese drei;
aber die Liebe ist die
größte unter ihnen.«

Pred 4,12; 1. Kor 13,13

Mein Herr und mein Gott

Wenn ich zu dir, mein Herr,
für den Rest meines Lebens
und über mein Sterben hinaus
gehören darf, dann will ich
für immer zu dir gehören.

Wenn ich nur allezeit
für dich und durch dich,
mit dir und in dir sein kann,
dann werde ich für immer
für dich und durch dich,
mit dir und in dir
sein und bleiben.

Wenn ich dich, mein Gott,
aufgrund deiner Liebe
von ganzem Herzen,
von ganzer Seele und
mit aller meiner Kraft
für immer lieben darf,
dann will ich dich
von ganzem Herzen,
von ganzer Seele und
mit aller meiner Kraft
für immer lieben.[22]

Meine Gnade reicht für dich aus

Gott erwartet
in seiner Liebe
nichts von uns,
was er uns
in seiner Gnade
nicht selbst
schenken würde.

2. Kor 12,9f.

Deine Güte ist besser als Leben

»Habe deine Lust am Herrn;
der wird dir geben,
was dein Herz wünscht.«

Die Lust am Herrn ist nicht
etwa das Mittel zur Erfüllung
unserer eigenen Wünsche,
sondern unsere Wünsche
finden dann in Gott ihre
tiefste Befriedigung und
bleibende Erfüllung,
wenn er selbst uns zur
Freude und Lust wird.

Denn das, wonach wir uns
als Geschöpfe Gottes
in Wahrheit sehnen,
ist nicht *etwas*,
sondern *er*.

»Sei stille dem Herrn
und warte auf ihn.«

Ps 37,4.7; 63,4

Anhang

1 »Er freut sich an dir« – Vgl. 5. Mose 30,9; Lk 15,7.24.

2 »Freuet euch in dem Herrn« – Zur Freude in und an Gott s. auch Lk 1,46f.; 2,10f.; Joh 15,11; 16,22.24; 17,13; Röm 12,15; 14,17; Gal 5,22; 1. Thess 5,16; 1. Joh 1,3f. (vgl. zum Alten Testament Anm. 7).

3 »Kinder des Lichts« – 1. Thess 5,5; vgl. Mt 5,14; 2. Kor 3,18; 4,6.

4 »Lasst euch versöhnen« – Vgl. 2. Kor 5,17-21; Röm 5,6-10; 15,7.

5 »Vielsagende Aufmerksamkeit« – Zum »Zügeln der Zunge« s. auch Spr 10,19; 12,18; 15,23; 20,12.15; 25,11; 29,20; Pred 5,1f.; 10,12; Jak 3,1ff.

6 »Auf dem Weg der Vollkommenheit« – Zu Jesu Zuwendung zu den Sündern s. Lk 5,27-32; 7,29.34; 7,36-50; 15,1-32; 18,9-14; 19,1-10; zu den Gerechten s. (a) im *positiven* Sinne: Lk 1,6.17; 2,25; 14,14; 23,50; Apg 10,22; (b) *vermeintlich ›gerecht‹*: Lk 16,15; 18,9; 20,20; (c) *umstritten*: Lk 5,32; 15,7 – im Sinne von Variante (a) oder (b)? Selbstbezeichnung der Gegner? Ironischer Gebrauch?

7 »Erlöst zu Lust und Freude« – Zur Freude in und an Gott im Alten Testament s. auch Ps 5,12; 43,3f.; 63,6-9; 73,28; Jes 9,1f.; 12,2f.; 61,10; 65,18f.; Sach 2,14 (zum Neuen Testament s. Anm. 2).

8 »Lebendiger Glaube« – Joh 3,15f.36; 5,24; 6,40.47; 11,25f.; 20,31; 1. Joh 5,11-13.

9 »Weil ich dich liebe« – S. zum »Gehorsam des Glaubens« Röm 1,5; Joh 4,34; 14,21.23; 15,9f.

10 »Zeitplanung« – Aus der Schule kennen wir den griechischen Buchstaben π/Pi als Bezeichnung für die Zahl, die

das konstante Verhältnis des Kreisumfangs zum Durchmesser angibt: π = 3,14159265358979323846 …

11 »Nur nichts schuldig bleiben« – Zur Charakterisierung der himmlischen Welt als von Gott und nicht von Menschenhand erbaut s. auch Hebr 9,11.24; 11,10; Offb 21,1ff.

12 »Zu guter Letzt der Beginn« – S. 2. Kor 5,17; Gal 6,15; Eph 2,15; Offb 21.1-5; vgl. Jes 43,18f. Zum Paradies s. Lk 23,43; Offb 2,7.

13 »Zu guter Letzt der Beginn« – In der Griechischen Bibel wird an beiden Stellen derselbe Begriff (poiein) für Gottes »Erschaffen«, »Tun« und »Hervorrufen« verwendet.

14 »Ein Herr, ein Leib, doch viele Glieder« – Vgl. Röm 12,4-8; 1. Kor 12,1-31; Eph 1,22f.; 4,15f.25; Kol 1,18; 2,19.

15 »Was heißt Burn-out auf Hebräisch?« – S. 2. Mose 2,11–4,17; Apg 7,20ff.; Hebr 11,23ff. Falls es jemand wortwörtlich wissen will: sch\u1e17-chi-kah/šᵉḥīqāh/שְׁחִיקָה.

16 »Der Mond ist aufgegangen« – Von Gottes eigener Weisheit gilt nach der Weisheit Salomos 7,25f.: »Sie ist ein Hauch der göttlichen Kraft und ein reiner Strahl der Herrlichkeit des Allmächtigen; darum kann nichts Unreines in sie hineinkommen. Denn sie ist ein Abglanz des ewigen Lichts und ein fleckenloser Spiegel des göttlichen Wirkens und ein Bild seiner Güte.« Vgl. auch Spr 3,19f.; 8,22-31; Jesus Sirach 24,4-11; Weisheit 7,21-30; 8,3.6.

17 Weniger romantisch, aber nicht weniger zutreffend könnte man auch sagen, dass die elektrischen Birnen Ebenbild des elektrischen Stroms sind, denn sie sind der sichtbare Ausdruck einer an sich für unser Auge unsichtbaren Kraft. Sosehr sie von sich aus nicht leuchten könnten, sosehr verkörpern sie doch als »Lichtkörper« die in

ihnen wirksame Energie, sodass man mit ihrer Hilfe den Strom an seiner Wirkung erkennen kann.

18 So die Lutherbibel von 1545 an bis zur Revision von 1984 im Einklang mit den vorangehenden Ausführungen in 2. Kor 3,1-17, speziell V. 7.13 (so auch Zürcher Bibel, Schlachter, Jerusalemer Bibel, Einheitsübersetzung, New International Version u.a.). Die alternative Wiedergabe mit: »Nun aber *schauen wir* alle mit aufgedecktem Angesicht die Herrlichkeit des Herrn *wie in einem Spiegel* …« ist von den folgenden Aussagen in 2. Kor 4,4.6 her bestimmt. Die Variation von »widerspiegeln« und »im Spiegel schauen« erklärt sich durch die doppelte Bedeutung des zugrundeliegenden Zeitworts im Griechischen (*katoptrizo, -mai*). – Paulus knüpft in 2. Kor 3,7–4,6 an die Erzählung von dem Glanz auf dem Angesicht des Mose in 2. Mose 34,29-35 an: »Die Haut seines Angesichts glänzte, weil er mit Gott geredet hatte« (V. 29).

19 »Reflektierend, aber nicht selbstreflexiv« – 2. Mose 33,11; 4. Mose 12,8; 5. Mose 34,10; vgl. 2. Mose 34,29.34f.

20 »Glaubenswachstum« – Zur vertrauensvollen Anrede Gottes mit »Abba, lieber Vater« s. Mk 14,36; Röm 8,15; Gal 4,6.

21 »Lebens-Erfahrung« – Vgl. Röm 8,28-30; 1. Kor 13,12; Gal 4,9; vgl. Joh 6,37.44.65; 10,14.27; 15,16.

22 »Mein Herr und mein Gott« – S. Joh 20,28 – Röm 14,7-9; 2. Kor 5,15 – Röm 11,36; 1. Kor 8,6; Kol 1,16f. – 5. Mose 6,5; Mk 12,28-34 par.; 1. Petr 1,8.

Inhalt

Der Autor

Dr. Hans-Joachim Eckstein, geb. in Köln, ist seit 2001 Professor für Neues Testament an der Evangelisch-theologischen Fakultät der Universität Tübingen, zuvor an der Universität Heidelberg. Bis 1996 war er Pfarrer der Evangelischen Landeskirche in Württemberg im Hochschuldienst.

Vielen ist er durch seine lebendigen Vorträge und eindrücklichen Predigten sowie zahlreichen Veröffentlichungen und Gemeindelieder bekannt. Seine Bücher, die zu einem befreienden und lebensbejahenden Glauben einladen, sprechen durch ihren persönlichen und sprachlich gewinnenden Stil an.

Ob in Universitäts- oder Gemeindeveranstaltungen, ob in Sachbüchern oder in lyrischer und meditativer Literatur, Hans-Joachim Eckstein gelingt immer wieder der Brückenschlag zwischen Glauben und Denken, zwischen Universität und Kirche, zwischen Landeskirchen, Freikirchen und Gemeinschaften. Gerade mit seinen lyrischen und aphoristischen Texten spricht er zugleich auch viele Menschen an, die sich dem Glauben gegenüber bisher eher distanziert empfanden.

Für seine pädagogischen und didaktischen Fähigkeiten erhielt er vom Land Baden-Württemberg den Landeslehrpreis. Er ist Synodaler der Evangelischen Landeskirche in Württemberg und Mitglied der Kammer für Theologie der Evangelischen Kirche in Deutschland.

Unter den theologischen Veröffentlichungen des Autors siehe vor allem: H.-J. Eckstein, »Der aus Glauben Gerechte wird leben. Beiträge zur Theologie des Neuen Testaments«, Münster [2]2007; und »Verheißung und Gesetz. Eine exegetische Untersuchung zu Gal 2,15–4,7«, Tübingen 1996.

Näheres zur Person und zu den Veröffentlichungen unter:

www.uni-tuebingen.de/ev-theologie/personal/ eckstein

Bücher von
Hans-Joachim Eckstein:

Ich habe meine Mitte in dir
Schritte des Glaubens
Hc., 128 S., Nr. 393.538, ISBN 978-3-7751-3538-3
Zu den Themen: Glaube und Alltagsbewältigung

Du liebst mich, also bin ich
Gedanken – Gebete – Meditationen
Hc., 160 S., Nr. 393.633, ISBN 978-3-7751-3633-4
als Hörbuch: Compact Disc, ERF Verlag, Witten
Nr. 312.018.119, ISBN 978-3-89562-899-3
Zu den Themen: Liebe und Persönlichkeitsentfaltung

Du hast mir den Himmel geöffnet
Perspektiven der Hoffnung
Hc., 176 S., Nr. 393.787, ISBN 978-3-7751-3787-4
Zu den Themen: Hoffnung und Lebensgestaltung

Eckstein exklusiv:
Trilogie zu Glaube, Liebe und Hoffnung.
Schuber, Nr. 394.710, ISBN 978-3-7751-4710-1

Himmlisch menschlich
Von der Stärke der Schwachheit
Hc., 160 S., Nr. 394.502, ISBN 978-3-7751-4502-2
Gedanken, Gedichte und Meditationen

Gelassen in dir
Aufstellbuch mit Aphorismen

Spiralheft, 120 S., Nr. 394.416, ISBN 978-3-7751-4416-2

Kurze Texte, Gedanken und Gebete, die zu einer begründeten und vertrauensvollen Gelassenheit einladen.

Fürchte dich nicht, ich bin bei dir.
Liederbuch

Gh., 32 S., Nr. 394.321, ISBN 978-3-7751-4321-9

26 der beliebtesten Lieder von H.-J. Eckstein mit Gitarrengriffen und Klaviersatz.

Glaube, der erwachsen wird

Hc., 128 S., Nr. 393.836, ISBN 978-3-7751-3836-9

Wenn der Glaube erwachsen wird, sucht er nach einer neuen, reifen Ursprünglichkeit, die zum Leben befähigt und den kritischen Rückfragen standhält.

Zur Wiederentdeckung der Hoffnung
Grundlagen des Glaubens 1

Hc., 144 S., Nr. 393.898, ISBN 978-3-7751-3898-7

Spannende theologische Entfaltungen des Evangeliums
Zu den Themen: Hoffnung und Auferstehung, Frage nach Gott, Evangelium und Rechtfertigung

Glaube als Beziehung
Von der menschlichen Wirklichkeit Gottes
Grundlagen des Glaubens 2

Hc., Nr. 394.458, ISBN 978-3-7751-4458-2

Einfühlsame Entfaltungen des Evangeliums laden zu einem befreienden und lebensbejahenden Glauben ein.

Lass uns Liebe lernen
Briefe, Gebete und Meditationen

Hc., 112 S., Nr. 393.599, ISBN 978-3-7751-3599-3

Was hat erotische Liebe mit Gott zu tun? Die persönlichen Gedanken regen dazu an, die Erfahrungen und Möglichkeiten der partnerschaftlichen Liebe wie auch des Glaubens neu zu entdecken.

Du hast Worte des Lebens. Bibel-Lernsystem
Bibelkunde nach Schlüsselversen

Gh., 24 S., Nr. 394.388, ISBN 978-3-7751-4388-2

140 Kärtchen mit Schlüsselversen nach zentralen Themen und biblischen Büchern sortiert. Begleitheft mit Anregungen zu einem systematischen und effektiven Lernen.

Bitte fragen Sie in Ihrer Buchhandlung nach diesen Büchern!
Oder schreiben Sie an: Hänssler Verlag im
SCM-Verlag GmbH & Co. KG, D-71087 Holzgerlingen.

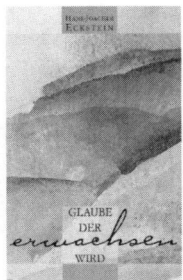

Hans-Joachim Eckstein

Glaube,
der erwachsen wird

Hc., 10,5 x 16,5 cm, 128 S.
Nr. 393.836,
ISBN 978-3-7751-3836-9

Authentisch, befreiend und ganzheitlich! In anschaulicher, bildhafter Sprache entwickelt Hans-Joachim Eckstein verblüffend neue Betrachtungsweisen des Evangeliums, reflektiert theologisch und psychologisch mit der Absicht, all denen wieder neuen Mut zu machen, die durch enttäuschende Erfahrungen ihren Glauben neu bedenken wollen. In sprachlich brillanten Aufsätzen wird das Wesen des Evangeliums entfaltet und Hoffnung vermittelt. Für Tagungen, Schulungen, Hauskreise, Bibeltage. Neuauflage von »Erfreuliche Nachricht, traurige Hörer«.

Bitte fragen Sie in Ihrer Buchhandlung nach diesem Buch!
Oder schreib Sie an: Hänssler Verlag im
SCM-Verlag GmbH & Co. KG, D-71087 Holzgerlingen.

Hans-Joachim Eckstein

Himmlisch
menschlich

Hc., 10,5 x 16,5 cm, 160 S.
Nr. 394.502,
ISBN 978-3-7751-4502-2

Von der Stärke der Schwachheit

»So menschlich kann der Himmel sein und so himmlisch
das Menschsein!«

»Er nahm teil an dem, was wir sind, damit wir in seiner
Gemeinschaft teilhaben können an dem, was er ist.
Er wurde sterblich, damit wir in ihm erfüllendes und
bleibendes Leben finden.«

Einfühlsam, humorvoll und gewinnend wird die »himmlische« Wirklichkeit der Zuwendung Gottes faszinierend
»menschlich« vor Augen gestellt.

Mit seinen neuen Gedanken, Gedichten und Meditationen
lädt Hans-Joachim Eckstein zu einem befreienden und
lebensbejahenden Glauben ein.

Bitte fragen Sie in Ihrer Buchhandlung nach diesem Buch!
Oder schreib Sie an: Hänssler Verlag im
SCM-Verlag GmbH & Co. KG, D-71087 Holzgerlingen.